AF188177

Impressum
Verlag: BABADADA GmbH, Nedderfeld 112 , 22529 Hamburg
Geschäftsführer / Verlagsleitung: Harald Hof
Druck: Books on Demand GmbH, In de Tarpen 42, 22848 Norderstedt

Imprint
Publisher: BABADADA GmbH, Nedderfeld 112 , 22529 Hamburg, Germany
Managing Director / Publishing direction: Harald Hof
Print: Books on Demand GmbH, In de Tarpen 42, 22848 Norderstedt

shkolla
escola

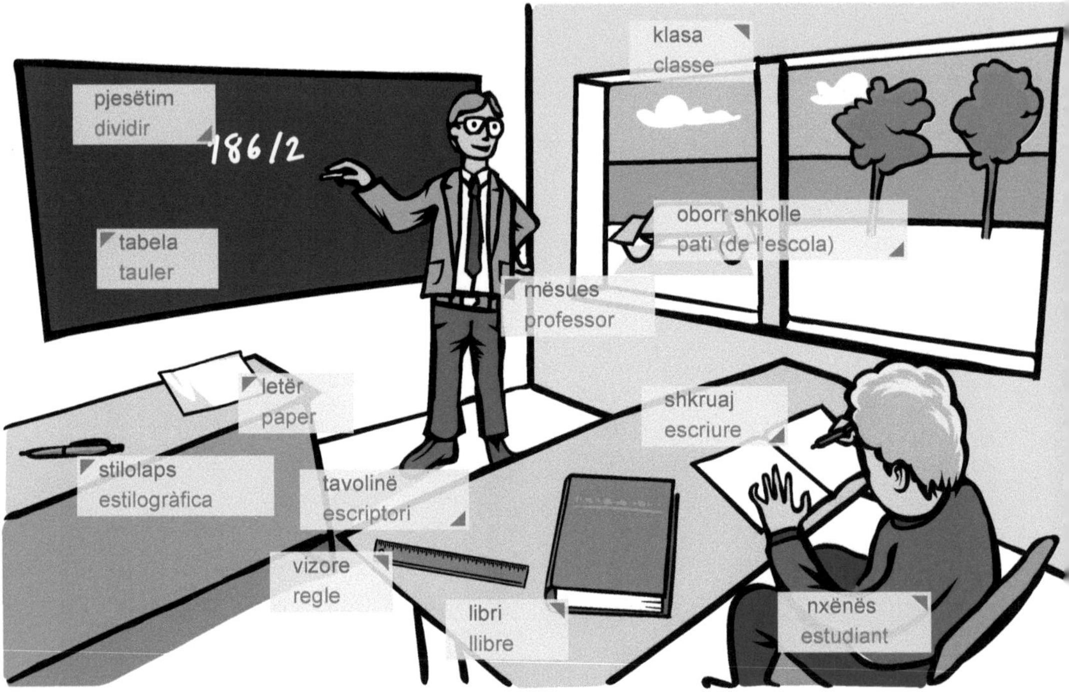

klasa
classe
pjesëtim
dividir
186/2
tabela
tauler
oborr shkolle
pati (de l'escola)
mësues
professor
letër
paper
shkruaj
escriure
stilolaps
estilogràfica
tavolinë
escriptori
vizore
regle
libri
llibre
nxënës
estudiant

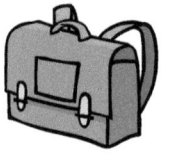

çantë

bossa

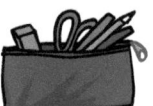

mbajtëse lapsash

estoig

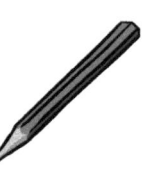

laps

llapis

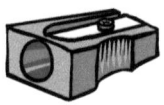

mprehës lapsash

maquineta de fer punta

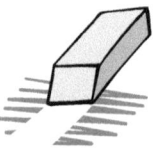

gomë

goma

fletore vizatimi

bloc de dibuix

vizatim

dibuix

penel

pinzell

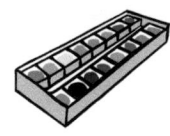

kuti bojërash

capsa de pintures

gërshërë

tisores

ngjitës

cola

fletore detyrash

quadern d'exercicis

detyrë shtëpie

deures

12

numër

nombre

2+2

mbledh

afegir

5-2

zbres

sostreure

2×2

shumëzoj

multiplicar

llogaris

calcular

A

gërmë

lletra

ABCDEFG HIJKLMN OPQRSTU VWXYZ

alfabeti

alfabet

hello

fjalë

mot

tekst

text

lexoj

llegir

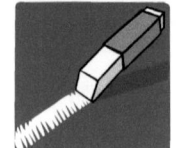

shkumës

guix

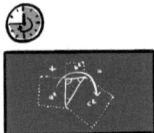

mësim

lliçó

regjistër

llibre de classe

provim

examen

çertifikatë

certificat

uniformë shkolle

uniforme escolar

arsimim

formació

enciklopedia

enciclopèdia

universitet

universitat

mikroskop

microscopi

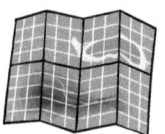

hartë

mapa

kosh letrash

paperera

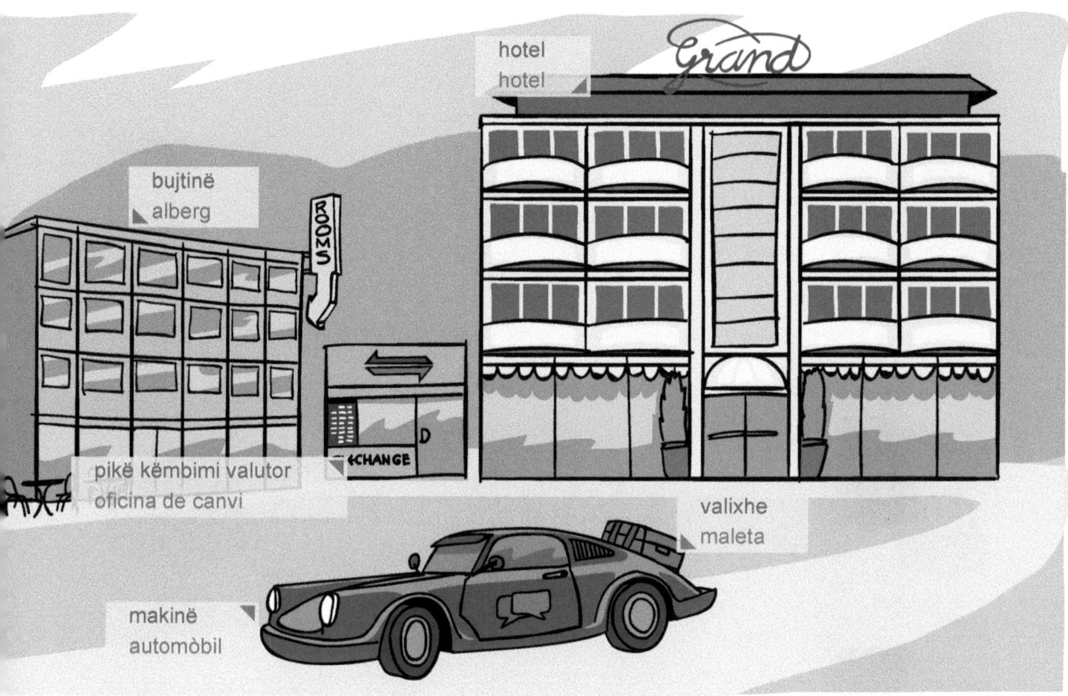

hotel
hotel
Grand
bujtinë
alberg
ROOMS
CHANGE
pikë këmbimi valutor
oficina de canvi
valixhe
maleta
makinë
automòbil

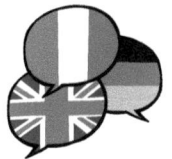

gjuhë

llengua

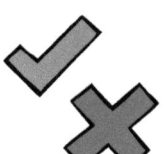

po / jo

sí / no

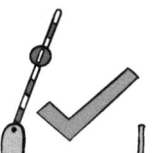

Në rregull

D'acord

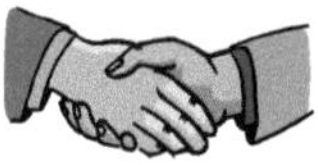

ç'kemi

Ey!

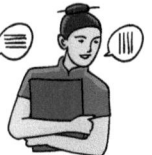

përkthyes

traductora

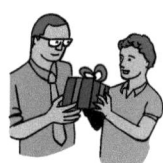

Faleminderit

gràcies

sa kushton...?

Quant costa... ?

nuk e kuptoj

No entenc

problem

problema

Mirëmbrëma!

Bona nit!

Mirëmëngjes!

bon dia!

Natën e mirë!

bona nit!

mirupafshim

fins aviat

drejtim

direcció

bagazhet

bagatge

çantë

bossa

çantë shpine

sarrona

mysafir

convidat

dhomë

cambra

thes gjumi

sac de dormir

tendë

tenda

informacion për turistët

oficina de turisme

plazh

platja

kartë krediti

carta de crèdit

mëngjes

esmorzar

drekë

dinar

darkë

sopar

Biletë

bitllet

ashensor

ascensor

pulla

segell

kufi

frontera

doganë

duana

ambasadë

ambaixada

vizë

visat

pasaportë

passaport

transport
transport

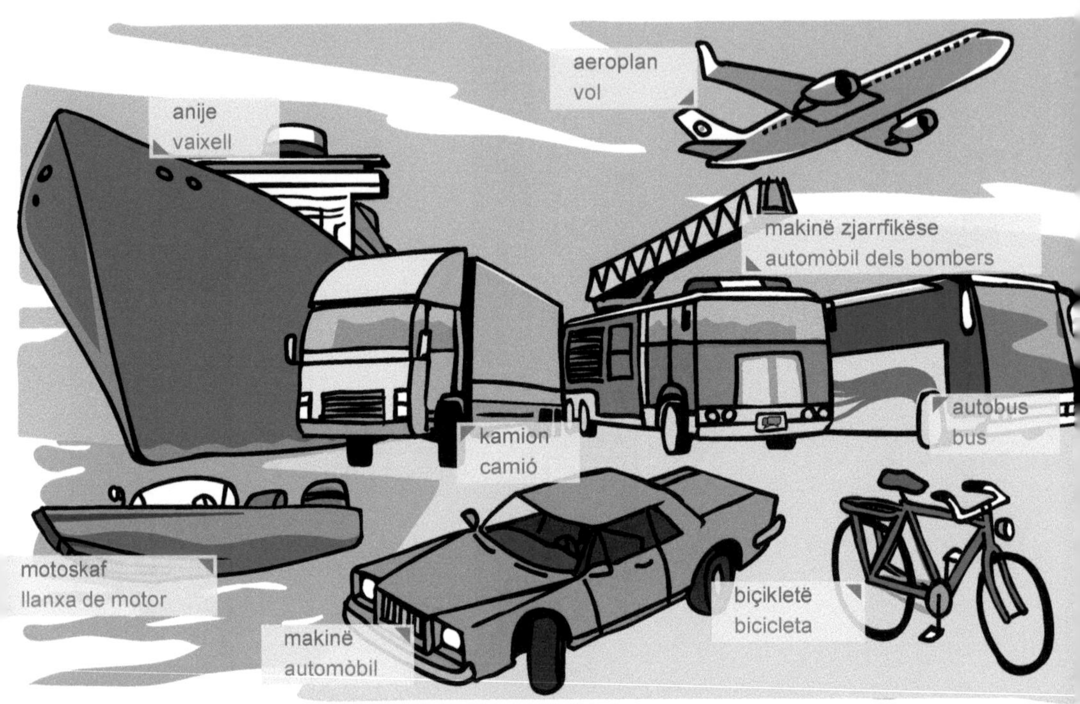
aeroplan
vol
anije
vaixell
makinë zjarrfikëse
automòbil dels bombers
autobus
bus
kamion
camió
motoskaf
llanxa de motor
biçikletë
bicicleta
makinë
automòbil

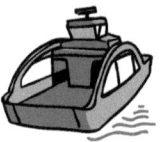

traget

transbordador

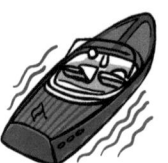

varkë

barca

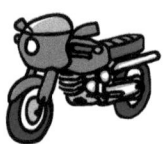

motoçikletë

moto

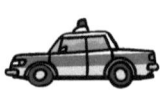

makinë policie

automòbil de policia

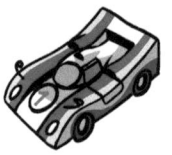

makinë garash

automòbil de curses

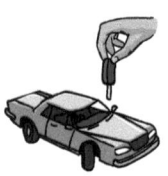

makinë me qira

automòbil de lloguer

ndarje e qirasë së makinës

vehicle compartit

karroatrec

grua

makinë plehrash

camió de les escombraries

motor

motor

benzinë

benzina

pikë karburanti

benzineria

sinjalistikë trafiku

senyal de trànsit

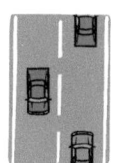

trafik

trànsit

bllokim trafiku

embús

parkim makinash

aparcament

stacion treni

estació de trens

trase

vies

tren

tren

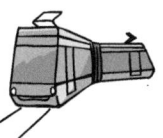

tramvaj

tramvia

karro

vagó

helikopter

helicòpter

aeroport

aeroport

kullë

torre

pasagjer

passatger

kontenier

contenidor

kuti kartoni

capsa de cartó

qerre

carretó

shportë

cistella

ngrihem / ulem

enlairar-se / aterrar

qytet
ciutat

fshat

poble

qendra e qytetit

centre de la ciutat

shtëpi

casa

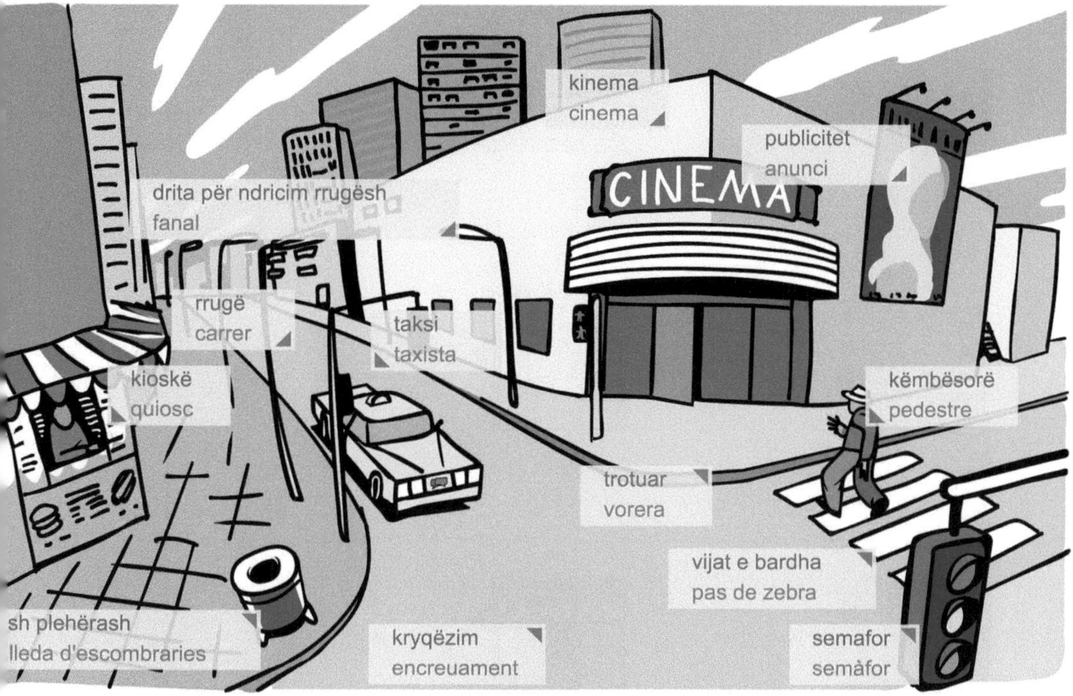

kinema
cinema

publicitet
anunci

drita për ndricim rrugësh
fanal

CINEMA

rrugë
carrer

taksi
taxista

këmbësorë
pedestre

kioskë
quiosc

trotuar
vorera

vijat e bardha
pas de zebra

sh plehërash
lleda d'escombraries

kryqëzim
encreuament

semafor
semàfor

kasolle
....
cabana

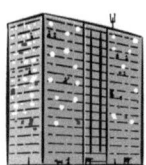

apartament
....
apartament

stacion treni
....
estació de trens

bashki
....
casa de la vila-ciutat

muze
....
museu

shkolla
....
escola

qytet - ciutat

11

universitet

universitat

bankë

banca

spital

hospital

hotel

hotel

farmaci

farmàcia

zyrë

oficina

librari

llibreria

dyqan

botiga

dyqan lulesh

floristeria

supermarket

supermercat

market

mercat

mapo

gran magatzem

dyqan peshku

peixateria

qëndër tregtare

centre comercial

port

port

qytet - ciutat

park

parc

stol

banc

urë

pont

shkallë

escala

metro

metro

tunel

túnel

stacion autobuzi

parada d'autobús

bar

bar

restorant

restaurant

kuti postare

bústia de correu

sinjalistikë rrugore

senyal indicador

kohëmatës parkimi

parquímetre

kopsht zoologjik

zoo

pishinë

piscina

xhami

mesquita

fermë

granja

ndotje

pol·lució

varrezë

cementiri

kishë

església

shesh lojërash

parc infantil

tempull

temple

peisazh

paisatge

gjethe
fulla

tabela orientuese
cartell indicador

rrugë
cami

livadh
prat

gurë
pedra

pemë
arbre

ekskursionist
excursionista

lumë
riu

bar
gespa

lule
flor

luginë
vall

kodër
muntanya

liqen
llac

pyll
bosc

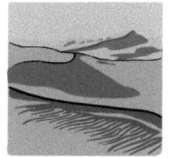

shkretëtirë
desert

vullkan
volcà

kështjellë
castell

ylber
arc de Sant Martí

kepudhë
bolet

palmë
palmera

mushkonjë
moscard

mizë
mosca

milingonë
formiga

bletë
abella

merimangë
aranya

brumbull

escarabat

bretkosë

granota

ketër

esquirol

iriq

eriçó

lepur

llebre

buf

òliba

zog

ocell

mjellmë

cigne

derr i egër

senglar

dre

cervo

dre brilopatë

ant

digë

presa

turbinë ere

turbina

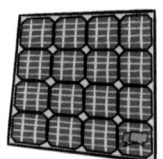

panel diellor

panell solar

klimë

clima

restorant
restaurant

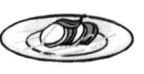

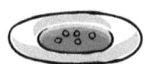

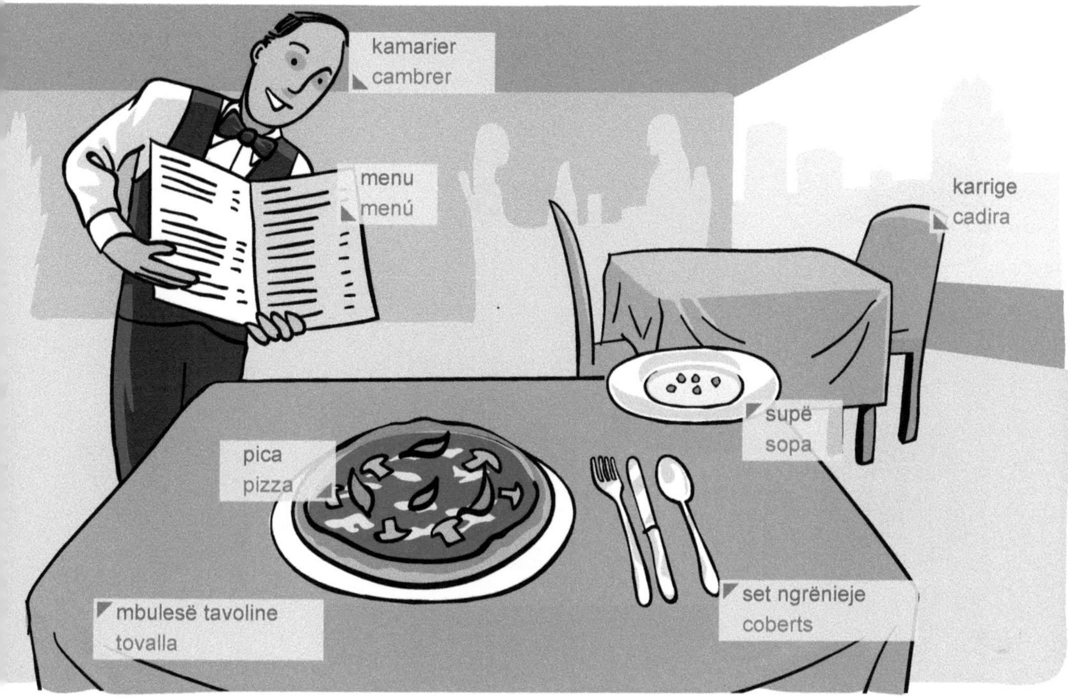
kamarier
cambrer
menu
menú
karrige
cadira
supë
sopa
pica
pizza
set ngrënieje
coberts
mbulesë tavoline
tovalla

pjatë e parë

primer plat

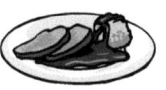

pjatë kryesore

plat principal

ëmbëlsirë

darreries

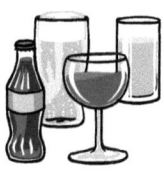

pije

begudes

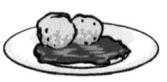

ushqim

menjar

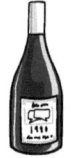

shishe

ampolla

ushqim i shpejtë

menjar ràpid

ushqim i shërbyer në rrugë

menjar de carrer

ibrik çaji

tetera

kuti sheqeri

sucrer

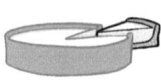

racion

porció

makinë kafeje ekspres

màquina d'espresso

karrige e lartë

trona

faturë

factura

tabaka

plata

thika

ganivet

pirun

forqueta

lugë

cullera

lugë çaji

cullereta

pecetë

tovalló

gotë

got

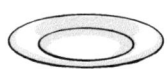

pjatë

plat

pjatë supe

plat de sopa

pjatë filxhani

plateret

salcë

salsa

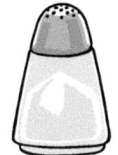

mbajtëse kripe

saler

mulli piperi

molinet de pebre

uthull

vinagre

vaj

oli

erëza

espècies

keçap

quètxup

mustardë

mostassa

majonezë

maionesa

supermarket
supermercat

ofertë speciale
oferta especial
FOR
klient
client
produkte bulmeti
productes lactis
frut
fruites
karrocë pazari
carret de la compra

BUTCHERS

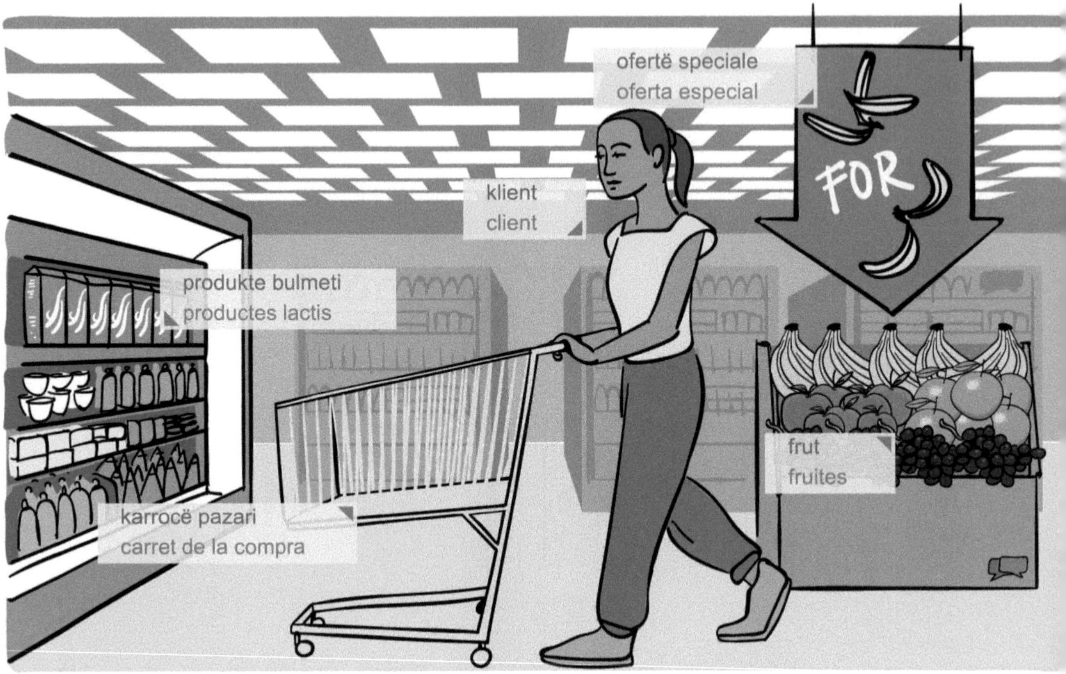

dyqan mishi

carnisseria

BAKERY

furrë buke

forn de pa

peshoj

pesar

perime

verdures

mish

carn

ushqim i ngrirë

menjar congelat

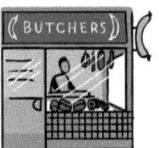

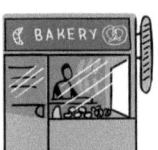

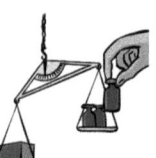

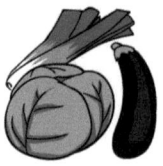

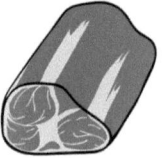

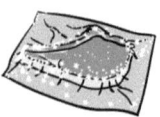

copë

carn freda

ushqim i konservuar

conserves

pluhur larës

detergent en pols

ëmbëlsirat

dolços

prodhime shtëpie

articles domèstics

produkte pastrimi

productes de neteja

shitëse

venedora

kasë fiskale

caixa registradora

arkëtar

caixera

listë blerjeje

llista de la compra

oraret e punës

horari d'obertura

portofol

portamonedes

kartë krediti

carta de crèdit

çantë

bossa

qese plastike

bossa de plàstic

pije
begudes

ujë
aigua

lëng frutash
suc

qumësht
llet

koka-kola
coca-cola

verë
vi

birrë
cervesa

alkool
alcohol

kakao
cacau

çaj
te

kafe
cafè

kafe ekspres
espresso

kapuçino
cappuccino

banane

banana

mollë

poma

portokalle

taronja

pjepër

síndria

limon

llimona

karrotë

pastanaga

hudhër

all

bambu

bambú

qepë

ceba

kërpudha

bolet

arra

avellanes

makarona

fideus

spageti

espaguetis

oriz

arròs

sallatë

amanida

patate të skuqura

patates fregides

patate të skuqura

patates fregides

pica

pizza

hamburger

hamburguesa

sanduiç

entrepà

shnicel

escalopa

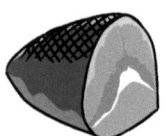

proshutë

cuixot

sallam

salami

salçiçe

salsitxa

pulë

pollastre

skuq

rostit

peshk

peix

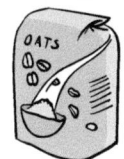

tërshërë

flocs de civada

drithëra

musli

kornfleiks

cereals

miell

farina

kruasant

croissant

panine

panet

bukë

pa

tost

torrada

biskotë

bescuits

gjalp

mantega

gjizë

mató

tortë

pastís

vezë

ou

vezë sy

ou fregit

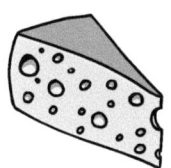

djathë

formatge

akullore

gelat

sheqer

sucre

mjaltë

mel

marmaladë

melmelada

çokokrem

crema de xocolata

këri

curri

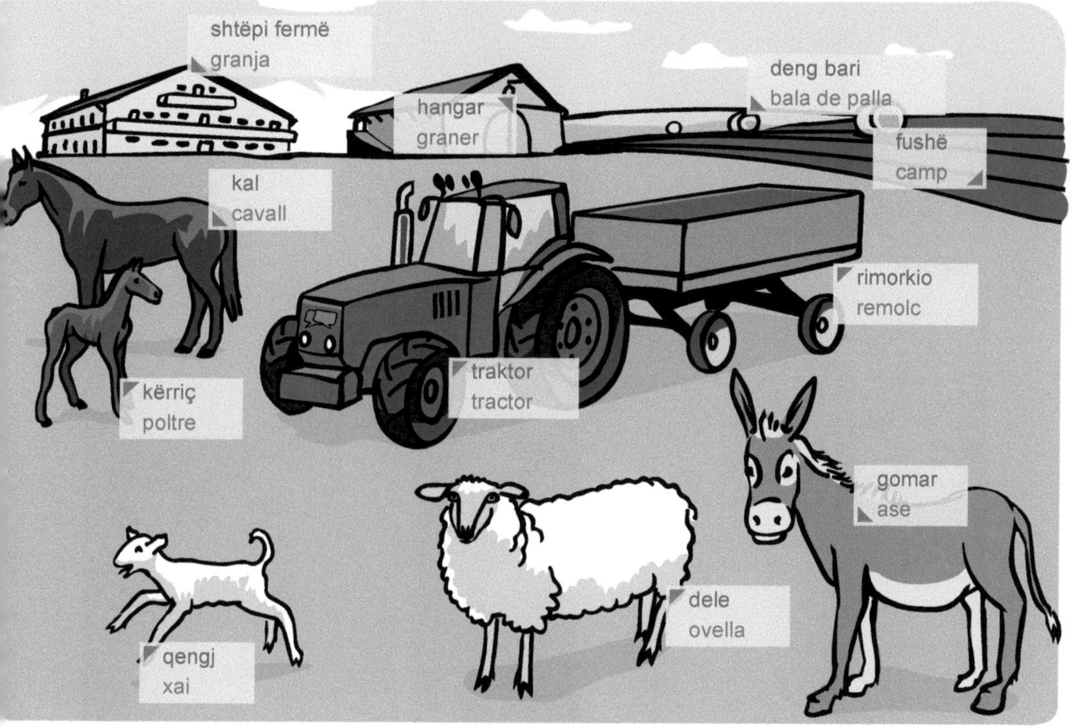

shtëpi fermë
granja

hangar
graner

deng bari
bala de palla

fushë
camp

kal
cavall

rimorkio
remolc

kërriç
poltre

traktor
tractor

gomar
ase

dele
ovella

qengj
xai

dhi
cabra

lopë
vaca

viç
vedella

derr
porc

derrkuc
garrí

dem
bou

patë
oca

rosë
ànec

zog pule
poll

pulë
gall

gjel
gallina

mi
rata

mace
gat

mi
ratolí

buall
bou

qen
gos

kolibe qeni
gossera

zorrë vaditëse
mànega de regar

vaditëse
regadora

kosë
dalla

plug
arada

drapër

falç

shat

aixada

kosa

forca

sëpatë

destral

karrocë

carretó

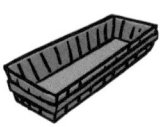

govatë

abeurador

bidon qumështi

lletera

thes

sac

gardh

tanca

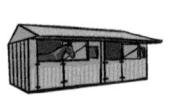

ahur

establa

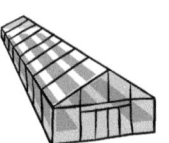

serë

hivernacle

dhe

sòl

farë

llavor

pleh

adob

autokombanjë

collidora

korr

collir

te korrat

collita

patate e ëmbël "Yam"

nyam

grurë

blat

soja

soja

patate

patata

misër

blat de moro o d'indi

raps

colza

pemë frutore

arbre fruiter

zhardhok manioku

mandioca

drithëra

cereals

shtëpi
casa

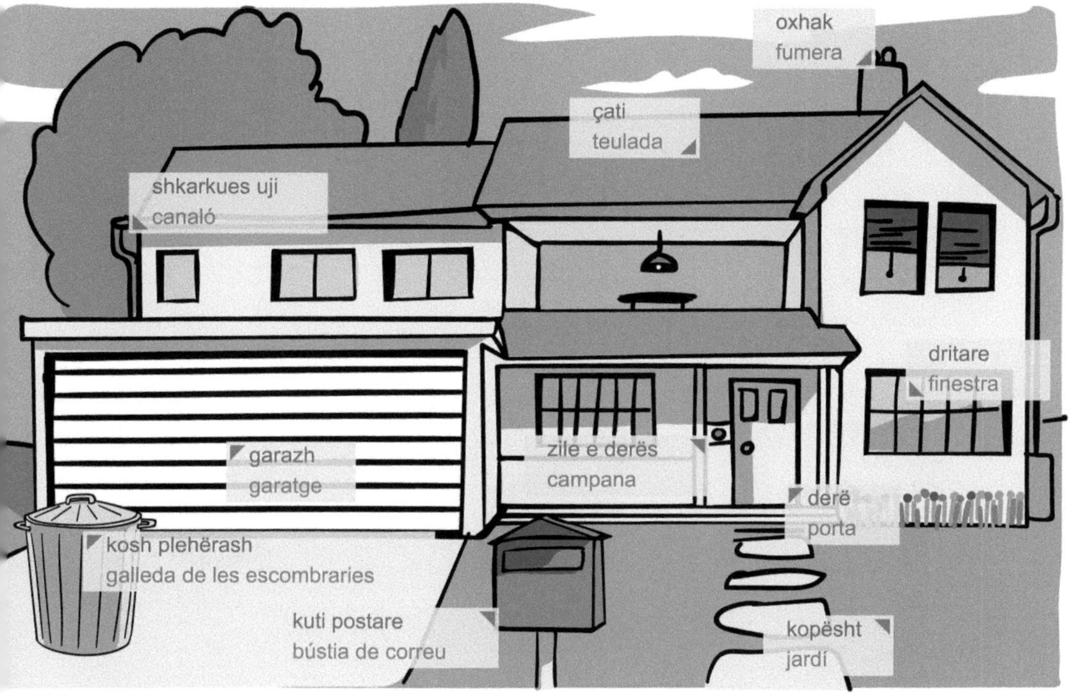
oxhak
fumera
çati
teulada
shkarkues uji
canaló
dritare
finestra
garazh
garatge
zile e derës
campana
derë
porta
kosh plehërash
galleda de les escombraries
kuti postare
bústia de correu
kopësht
jardí

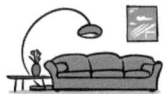

dhomë ndenjeje

sala d'estar

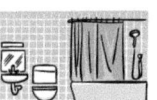

tualet

bany

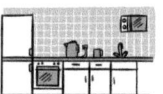

kuzhinë

cuina

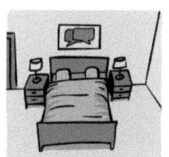

dhomë gjumi

cambra de dormir

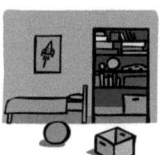

dhomë fëmijësh

cambra de nen

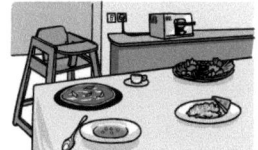

dhomë ngrënieje

menjador

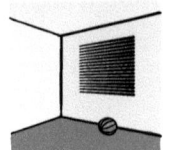

dysheme

sòl

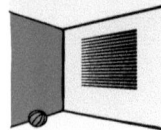

mur

paret

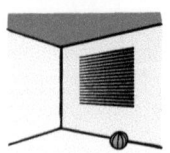

tavan

sostre

bodrum

soterrani

sauna

sauna

ballkon

balcó

tarracë

terrassa

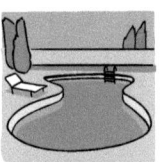

pishinë

piscina

kositëse bari

tallagespa

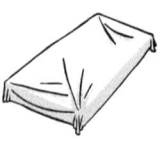

çarçaf

vànova

kuvertë

cobrellit

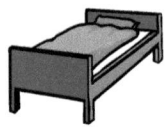

krevat

llit

fshesë dore

escombra

kovë

galleda

çelës

interruptor

dhomë ndenjeje
sala d'estar

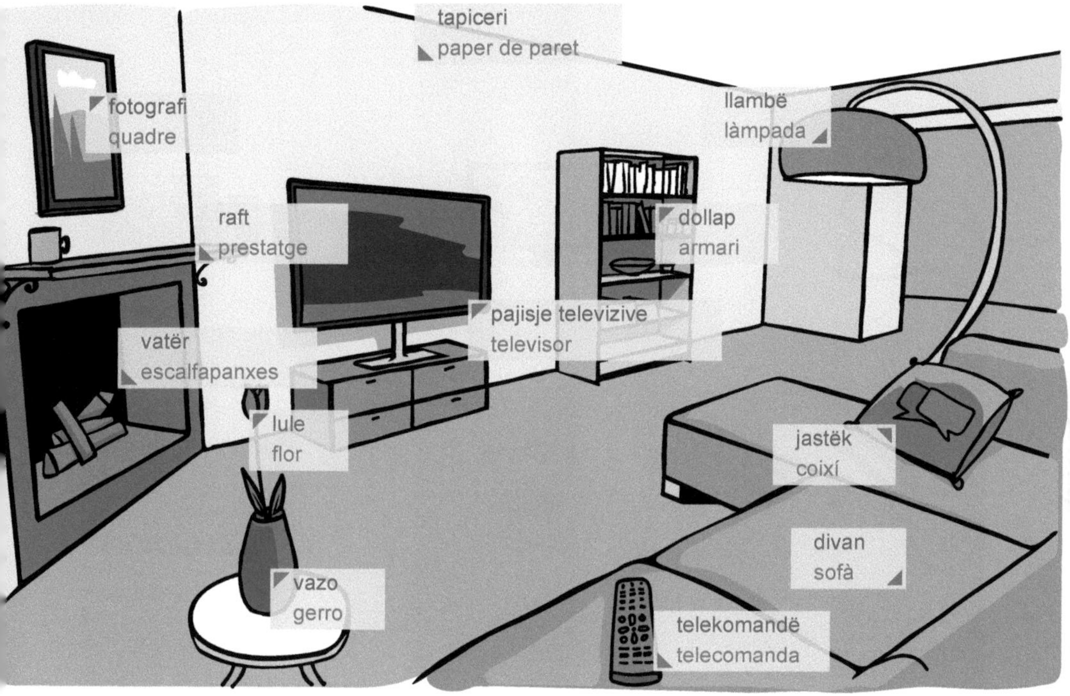

tapiceri
paper de paret
fotografi
quadre
llambë
làmpada
raft
prestatge
dollap
armari
pajisje televizive
televisor
vatër
escalfapanxes
lule
flor
jastëk
coixí
divan
sofà
vazo
gerro
telekomandë
telecomanda

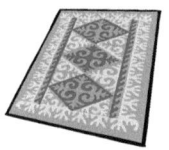

qilim
catifa

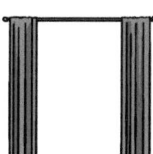

perde
cortina

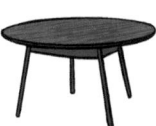

tavolinë
taula

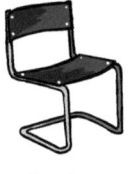

karrige
cadira

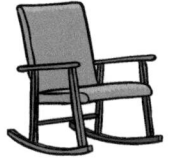

karrige lëkundëse
cadira gronxadora

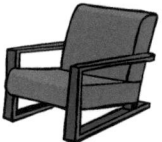

kolltuk
cadiral

libri

llibre

batanije

llençol

zbukurime

decoració

dru zjarri

llenya

film

film

stereo

cadena de música

çelës

clau

gazetë

diari

pikturë

pintura

afishe

cartell

radio

ràdio

bllok shënimesh

bloc de notes

fshesë me korent

aspiradora

kaktus

cactus

qiri

candela

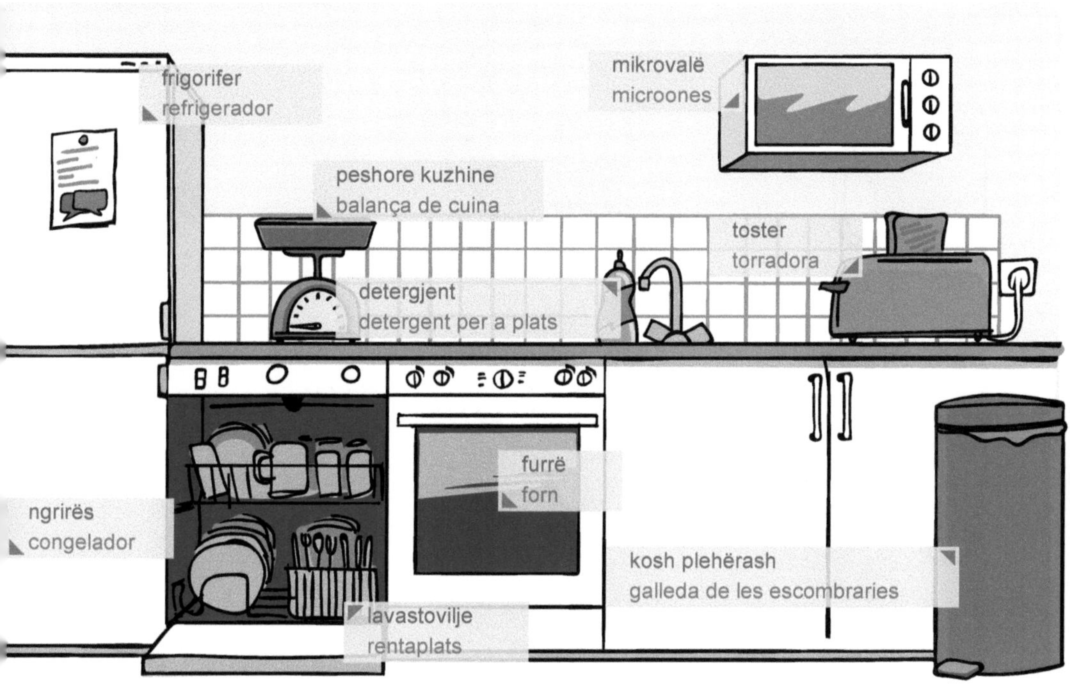

frigorifer
refrigerador

mikrovalë
microones

peshore kuzhine
balança de cuina

toster
torradora

detergjent
detergent per a plats

furrë
forn

ngrirës
congelador

kosh plehërash
galleda de les escombraries

lavastovilje
rentaplats

sobë
cuina de fogons

tenxhere
olla

tenxhere me kapak
olla de ferro colat

tigan special (Wok)
wok / karahi

tigan
paella

çajnik
bullidor

tenxhere me avull

olla de vapor

tavë pjekjeje

plata de forn

enë

vaixella

filxhan

tassa grossa

tas

bol

shkopinj

bastonets xinesos

garuzhde

culler

spatul

espàtula

tel kuzhine

batedor

kulluese

colador

sitë

sedàs

rende

ratllador

havan

morter

skarë

barbacoa

zjarr

foc a terra

dërrasë për prerje

taula de tallar

okllai

corró

heqëse tapash

llevataps

kanaçe

pot de conserva

hapëse kanaçeje

obridor

rrobë për të kapur
tenxheren

agafador

lavaman

aigüera

furçë

raspall

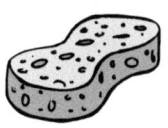

sfungjer

esponja

përzjerës

batedora

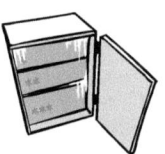

ngrirës

congelador

biberon për lëngje

biberó

rubinet

aixeta

tualet
bany

ngrohje
calefacció
dush
dutxa
peshqirë
tovallola
perde dushi
cortina de dutxa
vaskë me shkumë
bany de bombolles
vaskë
banyera
gotë
got
lavatriçe
rentadora
rubinet
aixeta
pllaka
rajoles
oturak
orinal
lavaman
aigüera

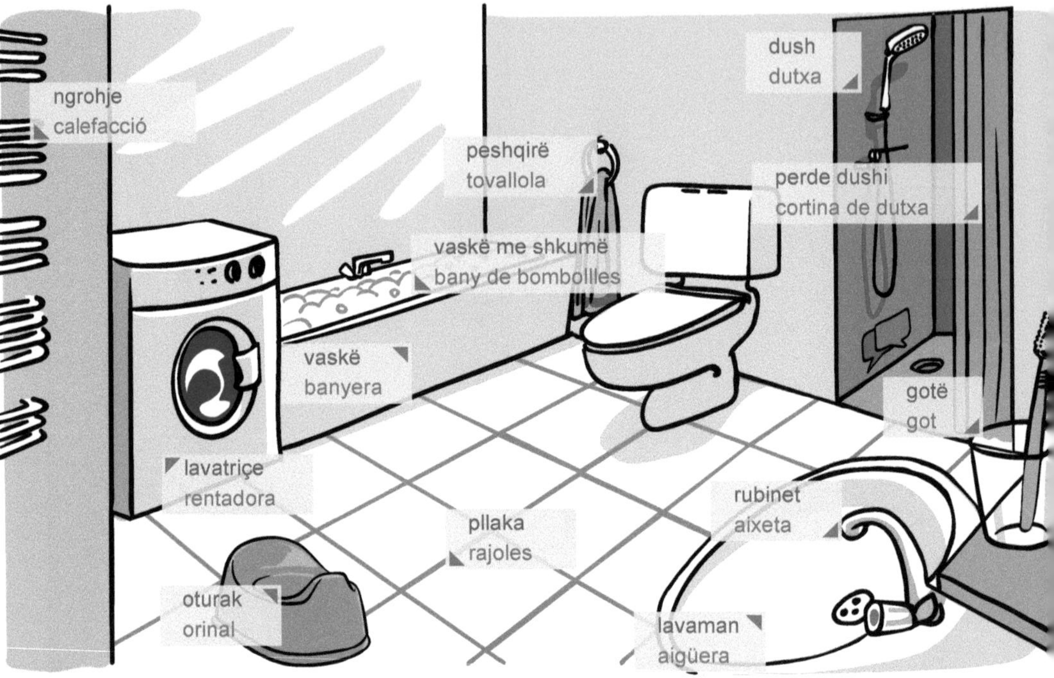

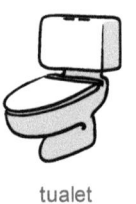

tualet

lavabo

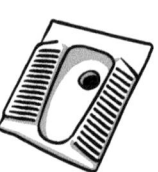

WC e sheshtë

lavabo turc

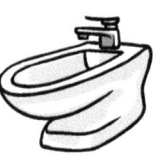

bide

bidet

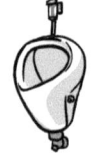

tualet publik

orinador

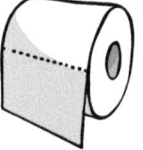

letër higjienike

paper higiènic

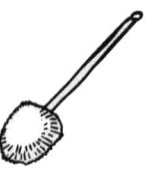

furçe për WC

escombreta de sanitari

furçë dhëmbësh

raspall de dents

pastë dhëmbësh

pasta de dents

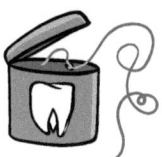

fije dentare

fil dental

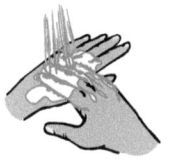

laj

rentar

dorezë dushi

pom de dutxa

larës për zonën intime

dutxa íntima

legen

rentamans

furçë për masazh shpine

raspall per a l'esquena

sapun

sabó

shampo trupi

gel de dutxa

shampo

xampú

leckë pastruese

manyopla de bany

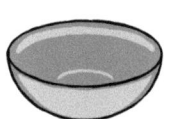

kullues

bonera

krem

crema

antidjersë

desodorant

pasqyrë

mirall

pasqyrë dore

mirall-espill de mà

brisk rroje

maquineta de rasar

shkumë rroje

espuma de barbejar

locion pas rrojes

loció post-rasada

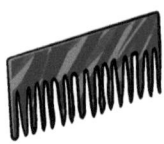

krehër

pinta

furçë

raspall

tharëse flokësh

eixugador

llak për flokët

laca

grim

maquillatge

buzëkuq

pintallavis

manikyr

esmalt d'ungles

mbushje pambuku

cotó

gërshërë për thonj

tallaungles

parfum

perfum

çantë për sendet personale

estoig de bellesa

Stol

tamboret

peshore

bàscula

robëdëshambër

barnús

dorashka gome

guants de goma

tampon

compresa higiènica

peceta higjienike

compresa

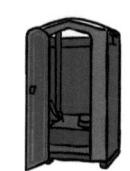

tualet I lëvizshëm

sanitari químic

dhomë fëmijësh

cambra de nen

orë me zile
despertador
lodra me pellushë
animal de peluix
makinë lodër
auto de joguina
rraketake
sonall
shtëpi kukullash
casa de nines
dhuratë
present

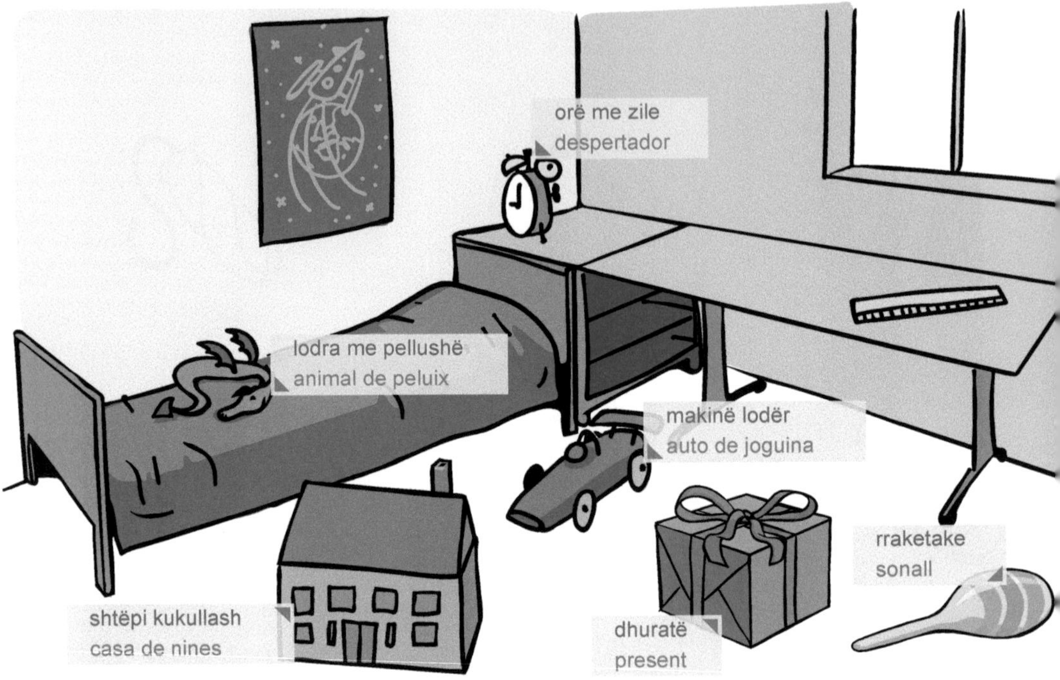

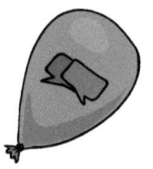

tollumbace

baló

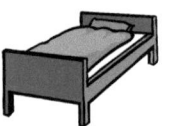

krevat

llit

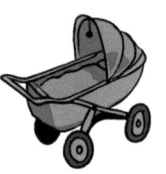

karrocë fëmijësh

cotxet per a nens

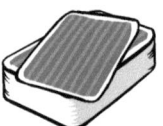

lojë me letra

joc de cartes

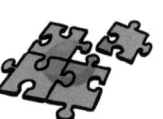

bashkim pjesësh me figura

trencaclosca

SUPER MEGA

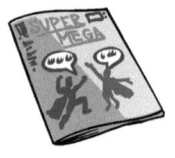

komik

historieta

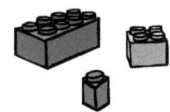

formuese lodër

peces de lego

kuba plastikë

peces de construcció

lodra

ninot d'acció

badi

granota

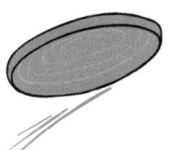

frizbi

frisbee

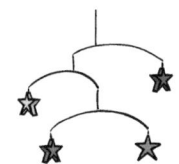

lodra të varura tek krevati i fëmijëve

mòbil per a bressol

tavolinë lojërash

joc de taula

zare

daus

model treni

tren elèctric

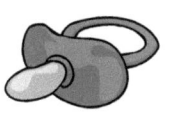

biberon

xumet

festë

festa

libër me ilustrime

llibre de dibuixos

top

pilota

kukull

nina

luaj

jugar

grumbull rëre

sorrera

kolovarëse

gronxador

lodra

joguines

leva për lojra video

consola de jocs de vídeo

triçikël

tricicle

arush prej pellushi

osset de peluix

garderobë

armari

veshje

roba

çorape

mitjons

çorape të gjata

mitges

geta

mitja pantaló

shall
tapacoll

çadër
paraigua

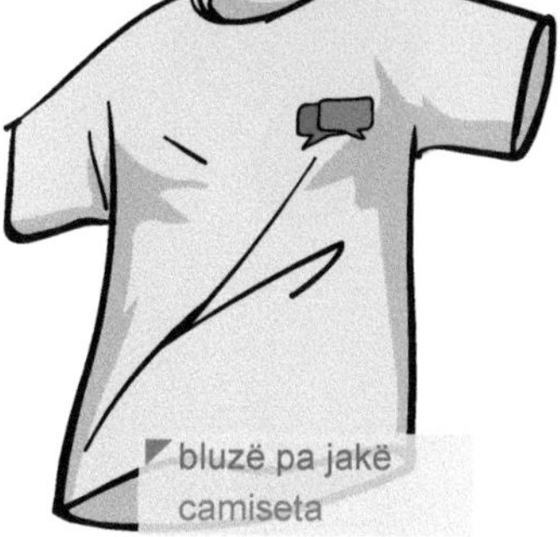

bluzë pa jakë
camiseta

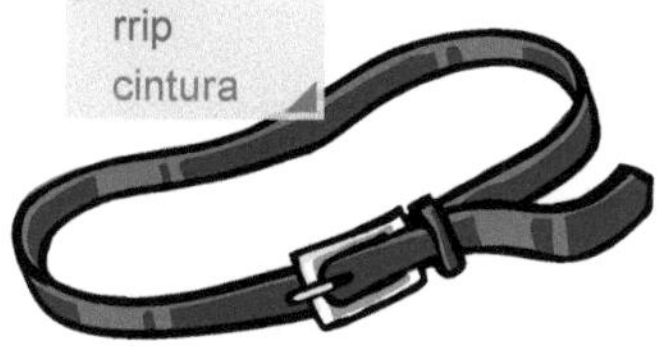

rrip
cintura

çizme
botes

pantofla
plantofes

atlete
sabates d'esport

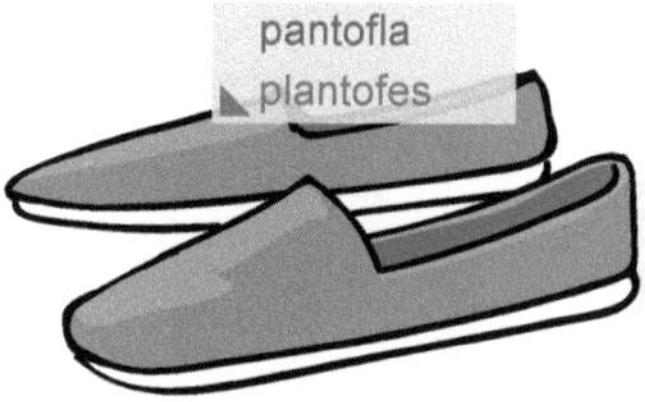

sandale
....
sandàlies

këpucë
....
sabates

çizme llastiku
....
botes de goma

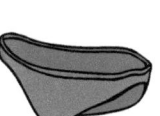

të mbathura
....
calçonets

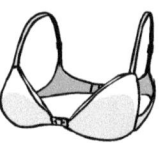

reçipeta
....
sostenidor

kanotierë
....
guardapits

veshje - roba

trup

jjustacòs

pantallona

pantalons

xhinse

jeans

fund

faldeta

bluzë

brusa

këmishë

camisa

pulovër

jersei

triko

dessuadora

xhaketë

blazer

xhaketë

jaqueta

pallto

mantell

mushama shiu

impermeable

kostum

vestit de dona

fustan

vestit de dona

fustan nusërie

vestit de núvia

kostum
vestit d'home

këmishë nate
camisa de dormir

pizhama
pijama

sari (veshje tradicionale indiane)
sari

shami koke
mocador de cap

çallmë
turbant

eshje për femrat e besimit musliman
burca

kaftan (lloj veshjeje tradicionale)
caftan

ferexhe
abaia

kostum banje
vestit de bany

rroba banje
calçon(et)s de bany

pantallona të shkurtra
pantalons curts

tuta sporti
xandall

përparëse
davantal

dorashka
guants

veshje - roba

kopsë

botó

syze

ulleres

byzylyk

braçalet

gjerdan

collaret

unazë

anell

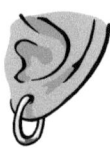

vath

orellera

kapuç

casquet

varëse për pallto

penjador

kapele

capell

kravatë

corbata

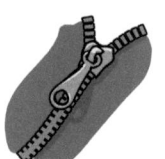

zinxhir

cremallera

helmetë

casc

tiranda

elàstics

uniformë shkolle

uniforme escolar

uniformë

uniforme

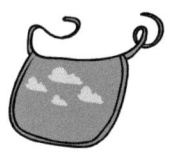

gushore

pitet

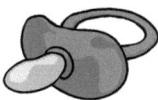

biberon

xumet

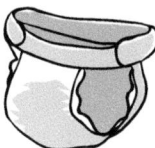

pelenë

bolquer

zyrë
oficina

server
servidor
skedar
armari arxivador
printer
impressora
letër
paper
ekran
monitor
maus
ratolí
tavolinë
escriptori
dosje
arxivador
tastierë
teclat
kosh letrash
paperera
karrige
cadira
kompjuter
ordinador

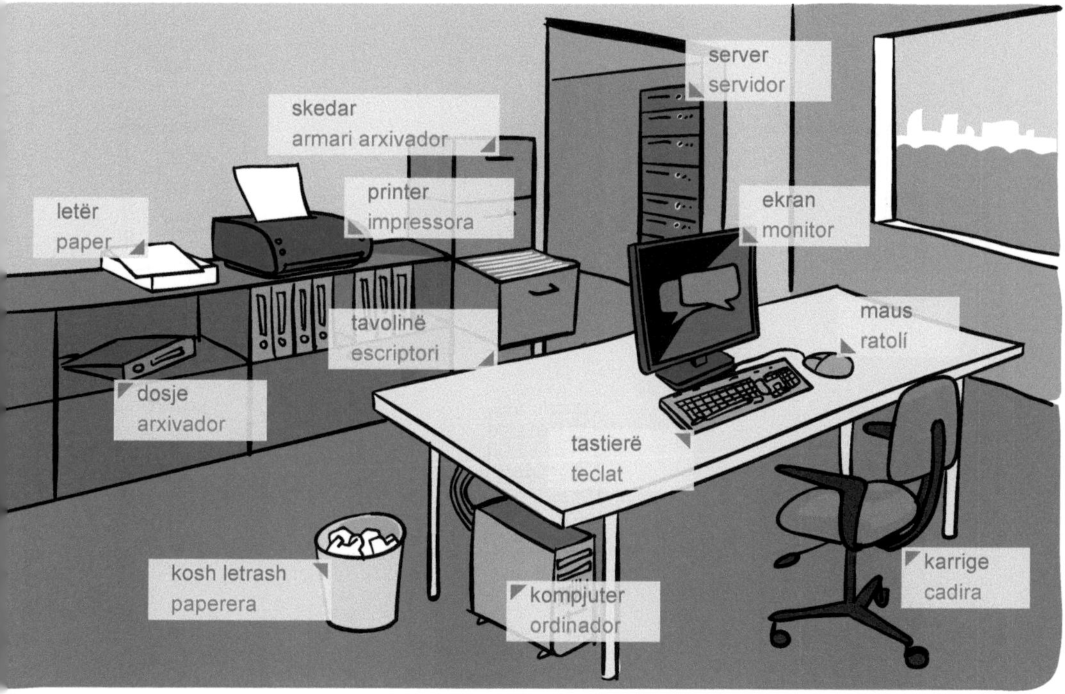

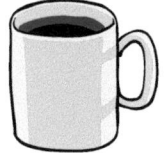

filxhan kafeje

tassa de cafè

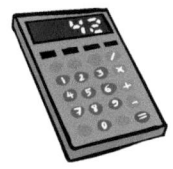

makinë llogaritëse

calculadora

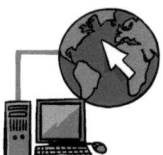

internet

Internet

kompjuter portativ

ordinador portàtil

letër

lletra

mesazh

missatge

telefon

mòbil

rrjet

xarxa

fotokopje

fotocopiadora

program

programari

telefon

telèfon

prizë

presa de corrent

pajisje faksi

fax

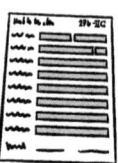

formular

formulari

dokument

document

blej

comprar

paguaj

pagar

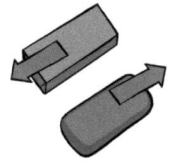

tregtoj

comerciar

para

diners

dollar

dòlar

euro

euro

jen

ien

rubla

ruble

franga zvicerane

franc suís

juani kinez

renminbi

rupje

rupia

bankomat

caixa automàtica

pikë këmbimi valutor

oficina de canvi

ar

or

argjend

argent

nafta

petroli

energji

energia

çmim

preu

kontratë

contracte

taksë

impost

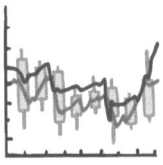

aksione

acció

punoj

treballar

punonjës

treballador

punëdhënës

empresari

fabrikë

fàbrica

dyqan

botiga

ekonomi - economia

profesionet
oficis

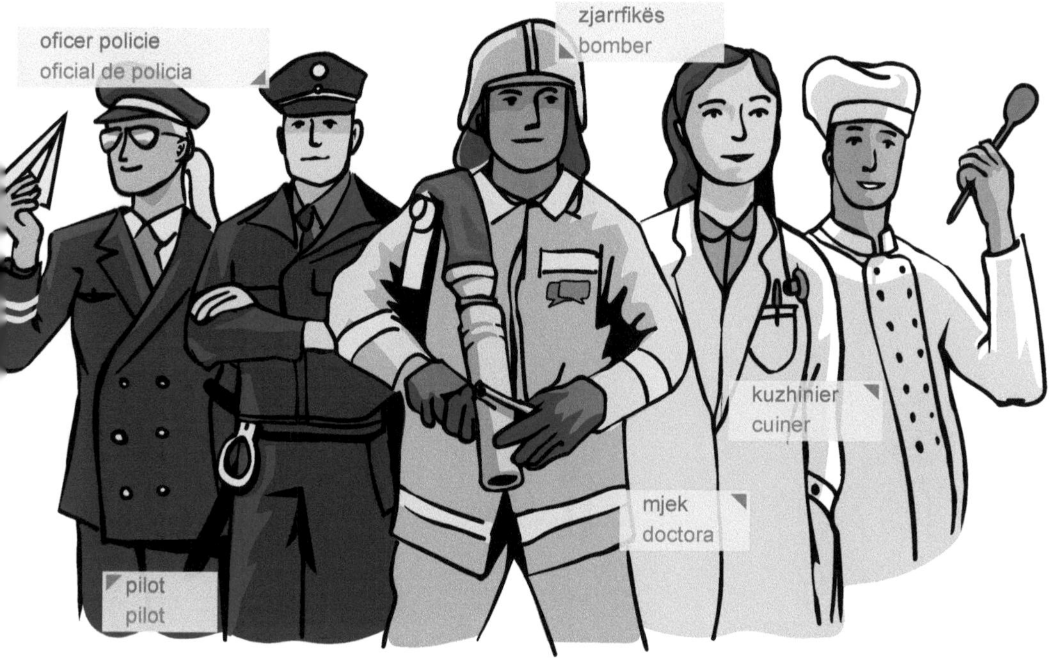
oficer policie
oficial de policia
zjarrfikës
bomber
kuzhinier
cuiner
mjek
doctora
pilot
pilot

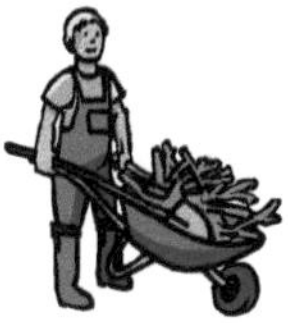

kopshtar

jardiner

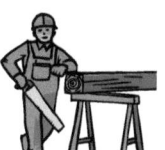

marangoz

fuster

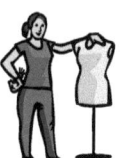

rrobaqepëse

costurera

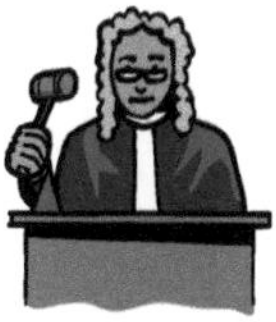

gjykatës

jutge

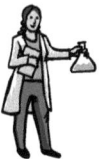

kimist

química

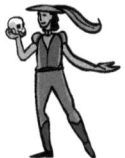

aktor

actor

shofer autobuzi

conductor d'autobús

taksist

taxista

peshkatar

pescador

pastruese

dona de la neteja

riparues çatish

ensostrador

kamarier

cambrer

gjuetar

caçador

piktor

pintor

furrxhi

forner

elektriçist

electricista

ndërtues

obrer de la construcció

inxhinier

enginyer

kasap

carnisser

hidraulik

llanterner

postieri

correu

ushtar

soldat

arkitekt

arquitecte

arkëtar

caixera

luleshitës

florista

berber

perruquer

kontrollor

revisor

mekanik

mecànic

kapiten

capità

dentist

dentista

shkencëtar

científic

rabin

rabí

imam

imam

murg

monjo

klerik

capellà

mjete
eines

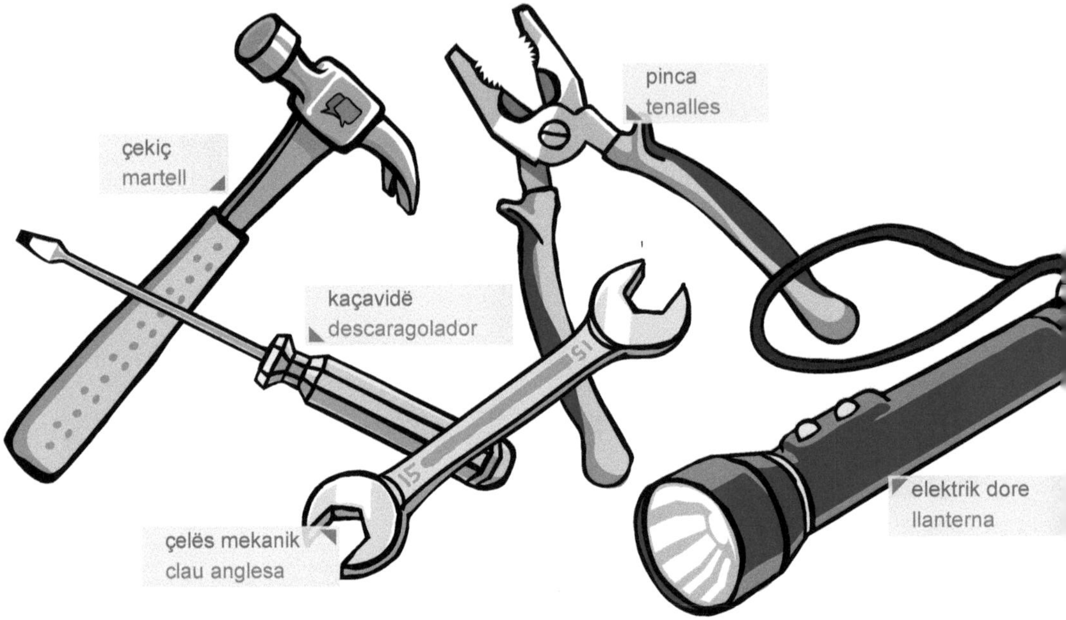

pinca
tenalles
çekiç
martell
kaçavidë
descaragolador
elektrik dore
llanterna
çelës mekanik
clau anglesa

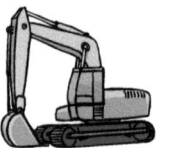

ekskavator

excavadora

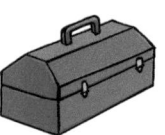

kuti veglash

caixa d'eines

shkallë

escala

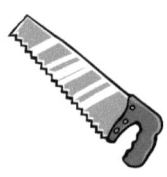

sharrë

serra

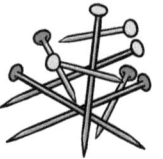

gozhdë

claus

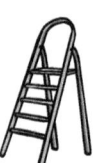

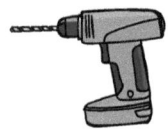

trapan

trepant

riparoj

reparar

lopatë

pala

Dreq!

Maleït siga!

kaci

pala

kuti boje

pot de pintura

vidhë

caragols

instrumenta muzikorë
instrument de música

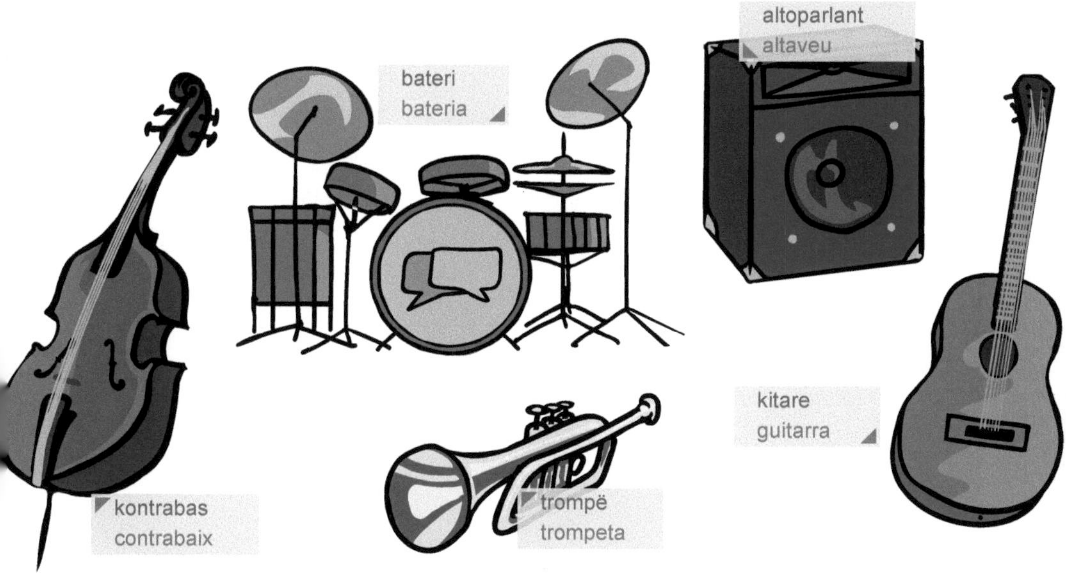

bateri
bateria

altoparlant
altaveu

kitare
guitarra

kontrabas
contrabaix

trompë
trompeta

piano

piano

violinë

violí

bas

baix

tamburë

timbal

daulle

tambor

tastierë pianoje

teclat

saksofon

saxofon

flaut

flauta

mikrofon

micròfon

instrumenta muzikorë - instrument de música

kopsht zoologjik
zoo

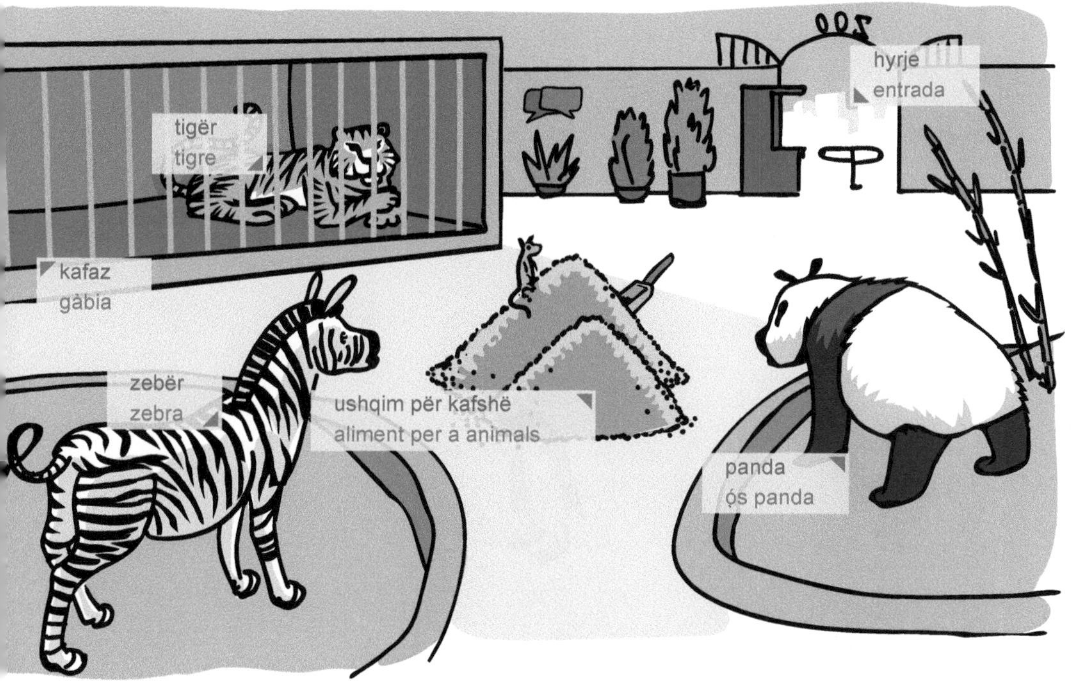
tigër
tigre
kafaz
gàbia
hyrje
entrada
zebër
zebra
ushqim për kafshë
aliment per a animals
panda
ós panda

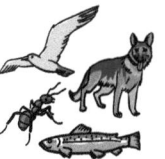

kafshë
animals

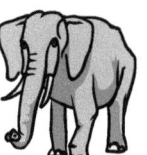

elefant
elefant

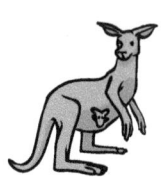

kangur
cangurú

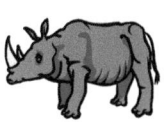

rinoceront
rinoceront

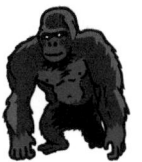

gorillë
goril·la

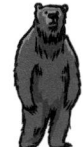

ari
ós

deve

camell

struc

estruç

luan

lleó

majmun

simi

flamingo

flamenc

papagall

papagai

ari polar

ós polar

pinguin

pingüí

peshkaqen

ca mari

pallua

paó

gjarpër

serp

krokodil

cocodril

punonjës i kopshtit zoologjik

guardià del zoo

fokë

foca

xhaguar

jaguar

poni

poni

leopard

lleopard

hipopotam

hipopòtam

gjirafë

girafa

shqiponjë

àliga

derr i egër

senglar

peshk

peix

breshkë

tortuga

lopë deti

morsa

dhelpër

guineu

gazelë

gasela

futboll amerikan
futbol americà

çiklizëm
ciclisme

tenis
tenis

basketboll
bàsquet

not
natació

boks
boxa

hokej mbi akull
hoquei sobre gel

futboll	badminton	atletikë
futbol americà	bàdminton	atletisme

hendboll	ski	polo
handbol	esquí	polo

aktivitet
activitats

qesh
riure
hidhem
saltar
përqafoj
abraçar
eci
anar
këndoj
cantar
ëndërroj
somiar
lutem
pregar
puth
fer un petó

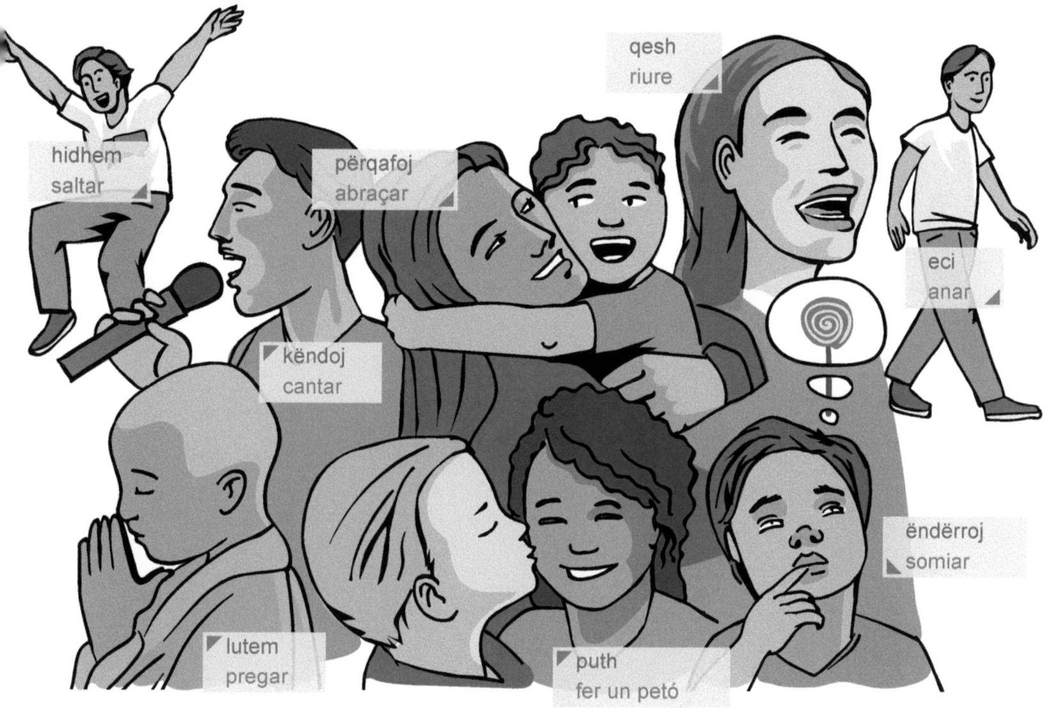

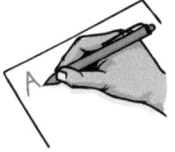

shkruaj

escriure

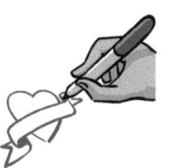

vizatoj

dibuixar

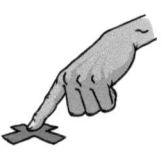

tregoj

mostrar

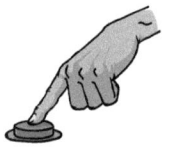

shtyj

pitjar

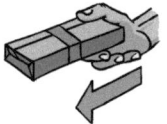

jap

donar

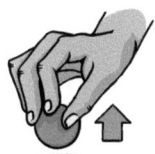

marr

prendre

kam

tenir

bëj

fer

jam

ésser

qëndroj

estar dret

vrapoj

córrer

tërheq

estirar

hedh

llançar

bie

caure

shtrihem

jeure

pres

esperar

mbaj

portar

ulem

asseure's

vishem

vestir-se

fle

dormir

zgjohem

despertar-se

shikoj

mirar

qaj

plorar

përkëdhel

amoixar

kreh

pentinar

bisedoj

parlar

kuptoj

comprendre

kërkoj

demanar

dëgjoj

escoltar

pi

beure

ha

menjar

sistemoj

endreçar

dashuroj

estimar

gatuaj

cuinar

drejtoj makinën

conduir

fluturoj

volar

lundroj
navegar

llogaris
calcular

lexoj
llegir

mësoj
aprendre

punoj
treballar

martohem
casar-se

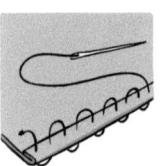

qep
cosir

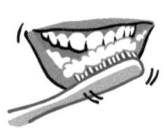

laj dhëmbët
raspallar-se les dents

vras
matar

tymos
fumar

dërgoj
enviar

gjyshe
àvia

gjysh
avi

baba
pare

nënë
mare

bebe
nadó

vajzë
filla

djalë
fill

mysafir

convidat

teze, hallë

tia

dajë, xhaxha

oncle

vëlla

germà

motër

germana

trupi
cos

balli
front
syri
ull
shpatulla
espatlla
gishti
dit
fytyra
cara
mjekra
barbeta
dora
mà
këmba
cama
kraherori
pit
krahu
braç

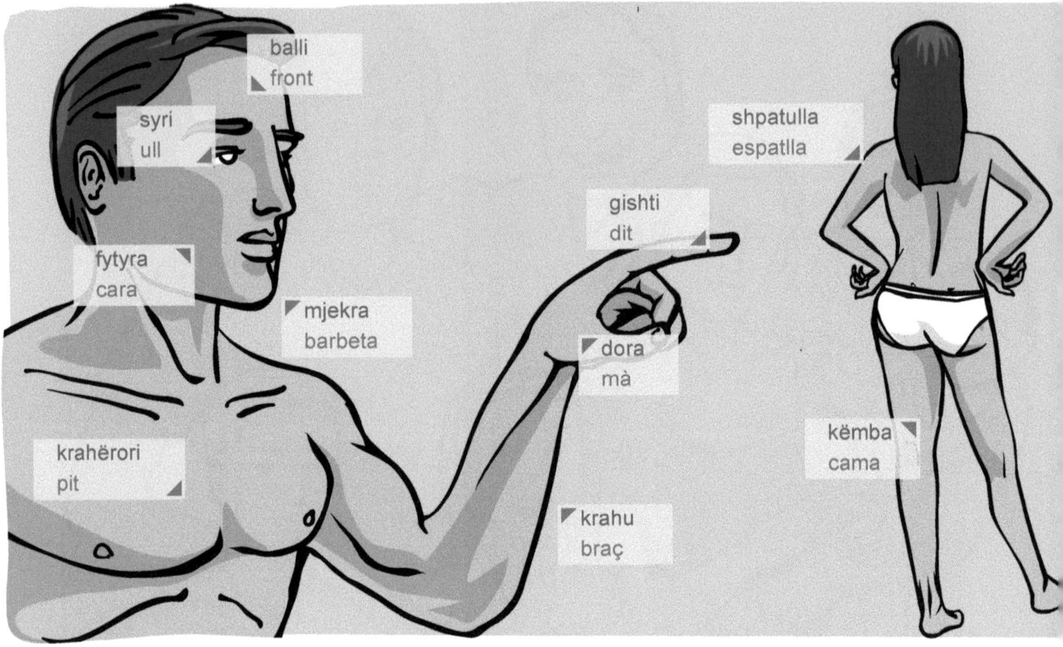

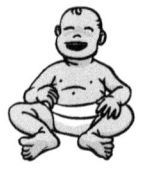

bebe

nadó

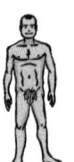

burrë

home

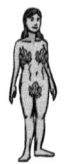

grua

dona

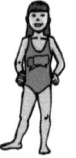

vajzë

noia

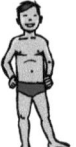

djalë

noi

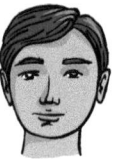

koka

cap

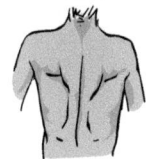

shpina

esquena

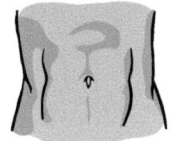

barku

panxa

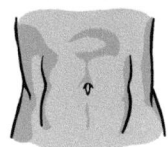

kërthiza

melic

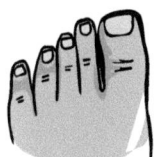

gisht këmbe

dit gros del peu

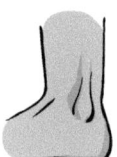

Thembra

taló

kockë

os

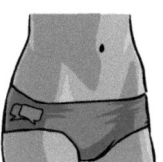

legeni

maluc

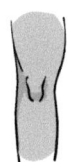

gjuri

genoll

bërryli

colze

hunda

nas

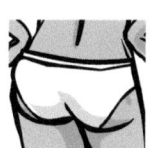

vithe

cul

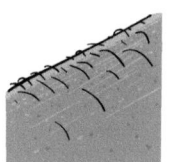

lëkura

pell

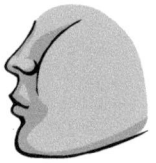

faqja

galta

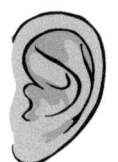

veshi

orella

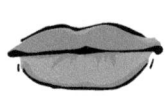

buza

llavi

goja

boca

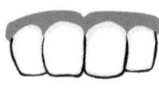

dhëmbët

dent

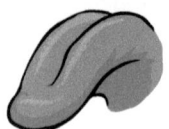

gjuha

llengua

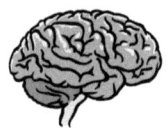

truri

cervell

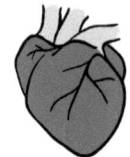

zemra

cor

muskul

múscul

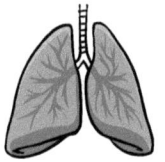

mushkëria

pulmó

mëlçia

fetge

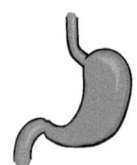

stomaku

estómac

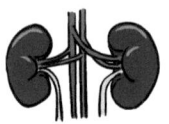

veshka

ronyó

seks

relació sexual

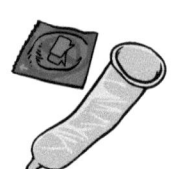

prezervativ

preservatiu

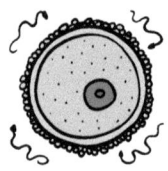

veza

ovari

sperma

semen

shtatëzani

prenyat

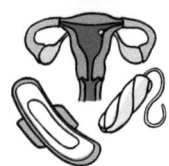

menstruacione

menstruació

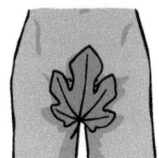

vagina

vagina

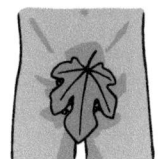

penis

penis

vetulla

cella

flokët

cabells

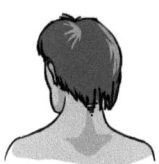

qafa

coll

spital
hospital

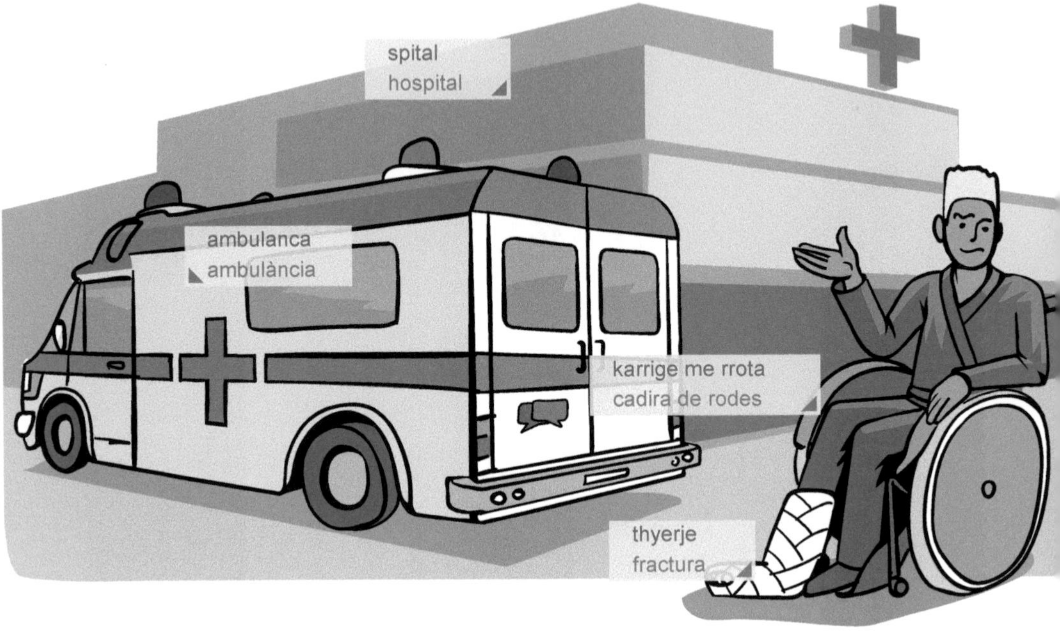

spital
hospital
ambulanca
ambulància
karrige me rrota
cadira de rodes
thyerje
fractura

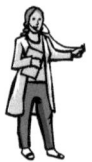

mjek

doctora

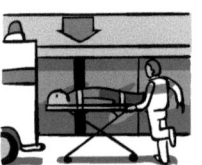

sallë urgjencash

sala d'urgències

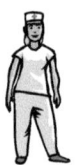

infermiere

infermera

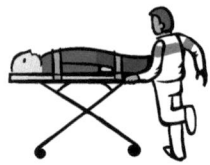

emergjencë

urgència

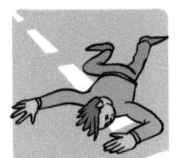

i pandërgjegjshëm

inconscient

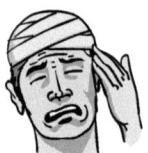

dhimbje

dolor

dëmtim

ferida

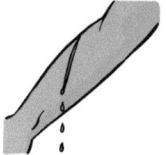

gjakosje

sagnament

infarkt

atac de cor

goditje

apoplexia

alergji

al·lèrgia

kolla

tos

ethe

febre

grip

gripa

diarre

diarrea

dhimbje koke

mal de cap

kancer

càncer

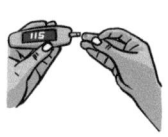

diabet

diabetis

kirurg

cirurgià

bisturi

escalpel

operacion

operació

CT (skaner)

tomografia computada (TC), TAC

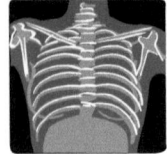

radiografi

raigs x

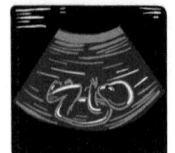

ultratingull

ultrasò

maskë fytyre

mascareta

sëmundje

malaltia

dhomë pritjeje

sala d'espera

paterica

crossa

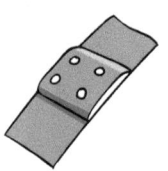

leukoplast

tireta

fasho

embenat

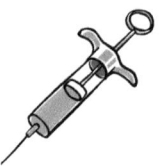

injeksion

injecció

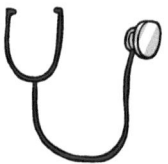

stetoskop

estetoscopi

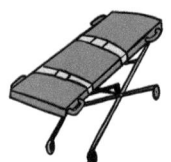

barelë

llitera

termometër

termòmetre clínic

lindje

pariment

mbipeshë

sobrepès

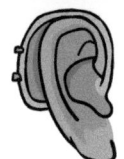

aparat dëgjimi

aparell auditiu

dezinfektant

desinfectant

infeksion

infecció

virus

virus

HIV / AIDS

VIH / SIDA

mjekësi, mjekim

medicina

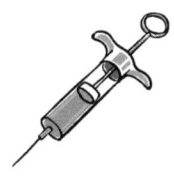

vaksinim

vaccí

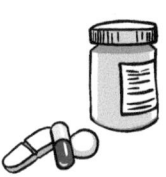

tableta

comprimits

pilulë

píl·lola

telefonatë emergjence

trucada d'urgència

aparat tensioni

tensiòmetre

i sëmurë / i shëndetshëm

malalt / sà

Ndihmë!

Socors!

alarm

alarma

sulm

assalt

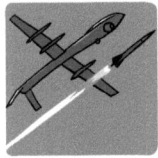

atak

atac

rrezik

perill

dalje emergjence

sortida-eixida d'urgència

Zjarr!

Foc!

fikëse zjarri

extintor

aksident

accident

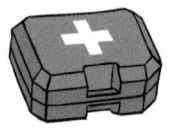

kuti e ndimës së shpejtë

farmaciola de primers
auxilis

SOS

SOS

policia

policia

Europa

Europa

Amerika e Veriut

Amèrica del Nord

Amerika e Jugut

Amèrica del Sud

Afrika

Àfrica

Azia

Àsia

Australia

Austràlia

Atlantiku

Atlàntic

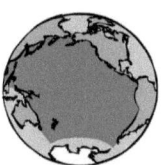

Paqësori

Pacífic

Oqeani Indian

Oceà Índic

Oqeani Antarktik

Oceà Antàrtic

Oqeani Arktik

Oceà Àrtic

Poli i veriut

pol nord

Poli i Jugut

pol sud

Antarktida

Antàrtida

toka

terra

tokë

país

det

mar

ishull

illa

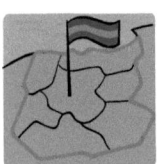

komb

nació

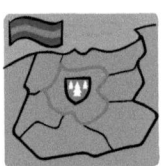

shtet

estat

fusha e orës

quadrant

akrepi i orës

agulla de les hores

akrepi i minutave

agulla dels minuts

akrepi i sekondave

agulla dels segons

Sa është ora?

Quina hora és?

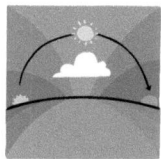

ditë

dia

kohë

temps

tani

ara

orë dixhitale

rellotge digital

minutë

minut

orë

hora

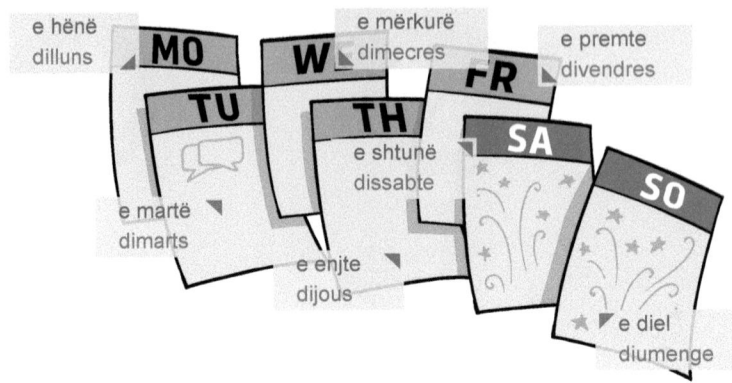

e hënë — dilluns — MO
e mërkurë — dimecres — W
e premte — divendres — FR
TU
TH
SA
e shtunë — dissabte
e martë — dimarts
e enjte — dijous
SO
e diel — diumenge

dje
....
ahir

sot
....
avui

nesër
....
demà

mëngjes
....
matí

mesditë
....
migdia

mbrëmje
....
tarda

ditë pune
....
dia feiner

fundjavë
....
cap de setmana

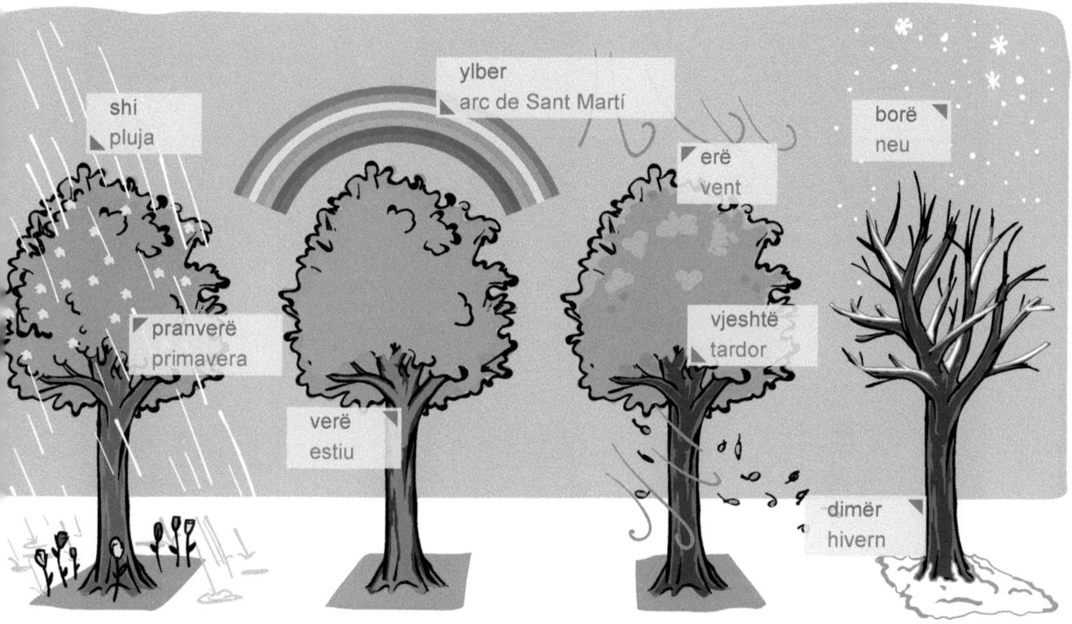

shi
▶ pluja

ylber
arc de Sant Martí

erë
vent

borë
neu

pranverë
primavera

verë
estiu

vjeshtë
tardor

dimër
hivern

4.APRIL	11°	☀
5.APRIL	4°	
6.APRIL	13°	
7.APRIL	8°	☀
8.APRIL	10°	☀

parashikimi i motit

pronòstic del temps

termometër

termòmetre

ndriçim dielli

llum del sol

re

núvol

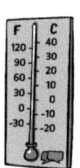

mjegull

boira

lagështi

humiditat de l'aire

vetëtima

llamp

gjëmim

tro

stuhi

tempesta

breshër

calamarsa

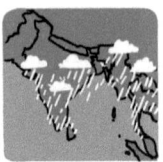

muson

monsó

përmbytje

inundació

akull

gel

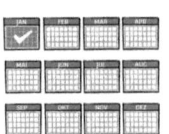

janar

gener

shkurt

febrer

mars

març

prill

abril

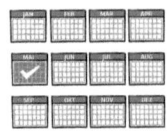

maj

maig

qershor

juny

korrik

juliol

gusht

agost

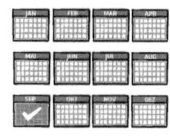

shtator
....
setembre

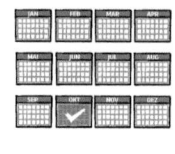

tetor
....
octubre

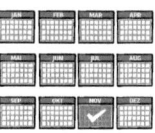

nëntor
....
novembre

dhjetor
....
desembre

rreth
....
cercle

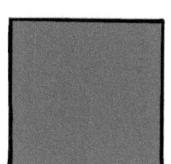

katror
....
quadrat

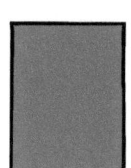

drejtkëndësh
....
rectangle

trekëndësh
....
triangle

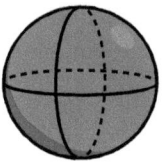

sferë
....
esfera

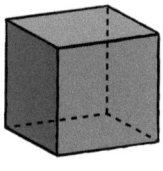

kub
....
cub

e bardhë

blanc

e verdhë

groc

portokalli

taronja

rozë

rosa

e kuqe

vermell

vjollcë

lila

blu

blau

e gjelbër

verd

kafe

marró

gri

gris

e zezë

negre

shumë / pak

molt / poc

i nevrikosur / i qetë

emprenyat / tranquil

i bukur / i shëmtuar

bonic / lleig

fillim / fund

començament / fi

i madh / i vogël

gran / petit

i ndritshëm / i errët

clar / fosc

vëlla / motër

germà / germana

e pastër / e pistë

net / brut

e plotë / jo e plotë

complet / incomplet

ditë / natë

dia / nit

gjallë / vdekur

mort / viu

i gjerë / i ngushtë

ample / estret

i ngrënshëm / i
pangrënshëm

comestible / immenjable

i keq / i këndshëm

dolent / amable

i lumtur / i mërzitur

entusiasmat / entediat

i shëndoshë / i dobët

gros / prim

e para / e fundit

primer / darrer

mik / armik

amic / enemic

plot / bosh

ple / buit

e fortë / e butë

dur / tou

e rëndë / e lehtë

pesant / lleuger

uri / etje

gana / set

i sëmurë / i shëndetshëm

malalt / sà

e paligjshme / e ligjshme

il·legal / legal

i zgjuar / budalla

intel·ligent / ximple

majtas / djathtas

esquerra / dreta

afër / larg

prop / llunyà

e re / e përdorur

nou / usat

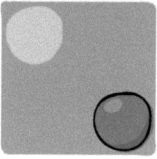

asgjë / diçka

res / quelcom

i moshuar / i ri

vell / jove

ndezur / fikur

encès / apagat

hapur / mbyllur

obert / tancat

i qetë / i zhurmshëm

silenciós / sorollós

i pasur / i varfër

ric / pobre

e drejtë / e gabuar

correcte / incorrecte

i ashpër / i butë

aspre / suau

i mërzitur / i lumtur

trist / content

i shkurtër / i gjatë

curt / llarg

ngadalë / shpejt

lent / ràpid

i lagësht / i thatë

humit / sec - eixut

ngrohtë / freskët

calent / fred

luftë / paqe

guerra / pau

0

zero
zero

1

një
u

2

dy
dos

3

tre
tres

4

katër
quatre

5

pesë
cinc

6

gjashtë
sis

7

shtatë
set

8

tetë
vuit

9

nentë
nou

10

dhjetë
deu

11

njëmbëdhjetë
onze

12
dymbëdhjetë
dotze

13
trembëdhjetë
tretze

14
katërmbëdhjetë
catorze

15
pesëmbëdhjetë
quinze

16
gjashtëmbëdhjetë
setze

17
shtatëmbëdhjetë
disset

18
tetëmbëdhjetë
divuit

19
nentëmbëdhjetë
dinou

20
njëzetë
vint

100
qind
cent

1.000
mijë
mil

1.000.000
milion
milió

anglisht

anglès

anglishte amerikane

anglès americà

kinezisht mandarin

xinès mandarí

hindi

hindi

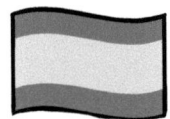

spanjisht

espanyol

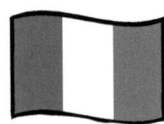

frëngjisht

francès

arabisht

àrab

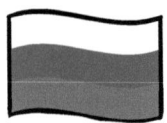

rusisht

rus

portugalisht

portuguès

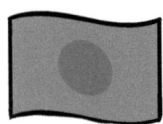

bengalisht

bengalí

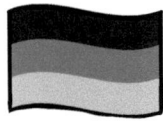

gjermanisht

alemany

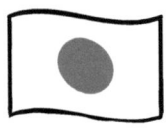

japonisht

japonès

unë
jo

ti
tu

ai / ajo
ell / ella / allò

ne
nosaltres

ju
vosaltres

ata
ells

kush?
qui?

çfarë?
què?

si?
com?

ku?
on?

kur?
quan?

emër
nom

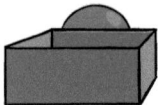

pas
....
darrere

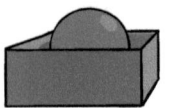

në
....
en

përballë
....
davant de

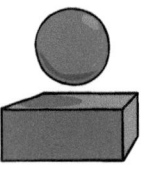

sipër
....
damunt

mbi
....
sobre

poshtë
....
sota

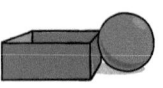

pranë
....
al costat

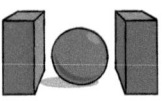

midis
....
entre

vend
....
lloc